Postalgia

Nuria Blanno

POSTALGIA

n° 10

Colección
"NUEVAS TENTATIVAS"

Autora: Nuria Blanno

Diseño de portada: Dioni Pascual

Edición: Dioni Pascual

Maquetación: Gráficas La Paz
Depósito Legal: J 257-2024
ISBN: 978-84-128768-1-9

Editado por Eris Ediciones S.L.
©2024 Eris Ediciones S.L.
www.erisediciones.com
E-mail: contacto@erisediciones.com

Origami

Era como una aguja que nos traspasaba la piel,
empalmándonos en una sola figura
cuando en mi cadera,
como una mariposa, se posó tu mano.
A un extremo de los navegantes,
bajo parpadeantes luces
y tufos de cigarros,
a ti te encontré puntual en la fecha.
Caíste tersa en mi regazo
cual pluma blanca de ganso
y, de pronto, supimos que así era
cómo se hacían los andamios
de las casas en las que habita el sol
y la calidez
que perseguimos como niños,
cuestionándonos el porqué de los aviones
y de las carreteras,
preguntándonos si la música fue inventada
o descubierta,
así, como ahora del amor:
tampoco tenemos una idea.

Liebe

Conjuguemos nuestras historias en presente
—¿te parece?—
para dejar atrás los futuros que imaginamos.

Aquí, bajo el grillar de la noche,
recuéstate sobre mi regazo sin miedo
y léeme este libro de poemas
en un acento extranjero

— *Wo viel Licht ist, ist auch viel Schatten*—.

A cambio, decoraré tus oídos de esta risa dorada
desprendida del palpitar de mi centro,
y tú me devolverás esa mirada
inundada de una ternura, tan inmensa,
que podría entintar más de un par de mundos
y aún derramarse sobre las estrellas.

Por hoy, aunque seas un artista,
prometamos no pintar ni un solo anhelo,
derrochemos esta noche
sobre un blanco lienzo.

Por hoy, prometamos olvidarnos de las comas
incrustadas como cristales en la razón de mi pecho,
permitámonos formar este párrafo completo
hasta que nos acobije la oscuridad
de una manecilla
que, fría y calculada,
apunta al punto
final de esta velada

—*Gute nacht mein Liebling*—,

a la que, a veces, me gustaría tanto regresar.

Mírame

Terca e impoluta amazona,
recia y resquebrajada
con tus dulces avellanas,
mírame
y constrúyeme
como un castillo de arena;
mírame
y hazme
por un segundo eterna;
mírame
e inúndame
de tu oceánica existencia;
mírame,
no me beses, no me toques, no me hables,
mírame.

Resaca

¡Que no! ¡Que no!
Que no me tengas pendiente
de un hilo que cuelga
de tu corazón a tu diente,
sonrisa maldita,
bálsamo ardiente,
me curas las llagas
con tu cuarto creciente.
Te quiero
intangible,
te quiero
imposible,
como el segundo que no llega
en un reloj descompuesto
que a veces detesto.
Sentir deshonesto,
cuando me tiras los muros
hasta volverte aguardiente
y me quemas la boca, la lengua, el estómago,
y te bebo y me embriago
en mi ardid desbocado,
y te añoro,
y te odio.

La garganta me arde
y vomito
te quiero,
de lejos,
te quiero.

Amor líquido

Me embebes cual té verbal
y me infusiono al calor de tu aliento.
De tus labios derramas mi elixir,
endulzándome la *bevida*.
Chai un aroma suave a canela
y notas a pétalos de prosa.
Me desparramo sobre tu boca abierta
hasta que yerbas del calor presente.

Tan solo no te evapores
dejándome el semblante a niste,
perdida quedaría en el comino,
como una flor que la menta triste.

Si por azahar se te suelta un tomillo
y te parece que mejor Ana,
verteré margaritas en pétalos
para saber si es que aún me amas,
para ver si, congelado mi corazón,
late helado ante el café de tus ojos.
Y, si la taza se queda vacía,
me quedarán las lecturas, de suerte.

Perra

Así, desarropada.
Límpida.
Alelada.
Lamo
hasta limpiar
a lengüetazos
las lagunas
blandas.
Dulces.
Tibias de aliento.
Así, así
lombrices húmedas
enlodándome el lomo,
un lambrusco
de aliciente
y un labrador
en cuatro patas
relamiéndome
las limas
agridulces
engalanadas
de una larga
lira
embelesada.
¡Que delicia!

Los limones
y las algas
alicatan
las almejas y las jaibas.
Un salado
itacate
de fiambres
y lunetas
lechosas,
alcalinas,
hidratantes,
diluidas en saliva,
salpicada
a las faldas
de los lagos.
Así, así…
Ladrando
y galopando
sementales.

[La luz pinta un infinito horizonte de piel]

La luz pinta un infinito horizonte de piel.
Haces multicolores acarician dos clavículas.
Un choque exquisito salpica la habitación,
espectáculo digno de la lente de una Canon.
Brotes acaramelados emergen de un iris preciso
y se desparraman hasta llenar campos de avellanas.
Tambores reptantes al fondo de una cueva
acompañados de cánticos acelerados a fuego,
azucenas feroces, recorren los brazos
y de las cuerdas vocales se escapan lianas.
Cuánta suavidad desbordan los algodones
con los que manos acarician los bordes de unas nalgas.
Entre muslos se derrama de agave miel,
sobre cordilleras de vastos bosques nacientes
se elevan florestas almibaradas,
convirtiendo a los cuerpos en bardos celestes.
Allí se podría encontrar todo lo necesario para vivir:
Techo, calor, alimento.

[¡Ay de mí!]

¡Ay de mí!,
haciendo de tripas corazón,
almorzándome metáforas
que no atino a escribir.
A ti no te las digo.
Nunca van a ti-empo,
siempre voy temprano
o demasiado tarde,
como un conejo blanco.
A la hora del té
tengo que decir
lo mucho que te-mo
haberme comido la letra.
A la que le pusiste música
y le hiciste una canción ridícula
de amor al arte de amar,
a Marte.
Porque en algún planeta
este plan podría sabernos
a marea
tus lunares, ideas que habitan en la
una y media de la noche
de nuevo a destiempo.
¿Será que a ti no un día a llegar a tomar té
y a Marte a tiempo?

[Me hundo en las grietas]

Me hundo en las grietas
que se abren
estas noches
en que siento el profundo deseo de tu tacto
y no lo quiero.
Te susurro que no puedo
y ya no sé
en dónde ponerte,
si afuera, en la intemperie,
o adentro, en el frío negligente de mi corazón
quebrado.

[Hacía frío y ardías]

Hacía frío y ardías.
Fulgurante, de una cálida frescura,
derretías los témpanos
de mi sonrisa yerta.
Pero no te quería verano,
te quería primavera,
te quería otoño,
te quería invierno.
Yo, en mi extendido invierno,
no quise,
no quise romper el hielo
para la pesca.
No quise alardear soles
que no encontraba.
No quise engullirte
en mi vacuidad gélida,
pétrea y bulímica
de rojos azafranes.
No quise
entibiarme las manos en tu estómago
y acalambrarte en choques térmicos.
Y en cambio, yo,
en mi mayor acto de amor,
extendí mi invierno
por una temporada más.

Big Bang

Sentíamos una atracción tan fuerte
que nos parecía una afección de gravedad.

Orbitando la elipses que nos circunscriben en deseos,
mantuvimos nuestro espacio con singularidad.

Obviamos elementos, evitando reaccionar,
a pesar de que en lo físico había electricidad.

Relativamente, deseábamos conexión,
pero callamos el núcleo de nuestras ideas estelares.

A pesar del magnetismo, divergían nuestras frecuencias,
sabíamos que colisionarían nuestras particularidades.

Ninguno quería terminar en un agujero negro,
así que hicimos de la distancia nuestra luz.

Aunque sonaba a una teoría bastante cuerda,
solo en un universo paralelo
la distancia, el espacio y la costumbre
no serían el principio de la incertidumbre.

[De ausencia, brutamente enamorada]

De ausencia, brutamente enamorada,
me sabe a hastío.
De risa, con la lengua amarrada,
me sabe agrio.
De marzo, en el colapso de nuestro mundo,
me sabe a frío.
¿Y de qué ingrediente,
aroma,
tiempo,
tendría que ser una alegría?,
¿de amar tanto?,
¿o es que la receta decía amaranto?

[Fue tu paciencia, magneto]

Fue tu paciencia, magneto.
Mi sensibilidad, compás de tu temor.
Tu calma, remedio ancestral.
Mi pasión, cocaína de tus carencias.
Tus ojos, mi biblia,
mi cuerpo, tu atlas.

Entregamos piel, afecto, risa, anhelos,
y nos sostuvimos con el cuidado
con el que se sostiene un diente de león.

Desprendimos la cáscara
con el suave tacto de mil caricias.

Nos devoramos
con apetito famélico
hasta saciarnos las ansias,
las ganas,
las faltas.

Crecimos un amor de lobos buscando manada,
de aves construyendo un nido.
Nos entregamos con corazón felino
y colmillo de fieras.

Fue mi temperamento huracán,
y dagas, tus palabras.
Fueron astillas las divergencias,
y fuego, la distancia.

Hoy aullamos desde una lejana cueva la ausencia,
y las huellas las ha borrado la nieve.
El rastro del aroma es nuestro último fantasma,
pero ambos sabemos: no existe retorno a casa.

Ocaso

Fuiste ese naranja atardecer
que se esconde tras las montañas
y se va, al pasar el mediodía.

Me duraste lo que dura una sonrisa
antes de llegar al cansancio,
antes de llegar a la desesperación
a la que todos llegamos
cuando observamos a los astros
moverse sobre nuestras cabezas,
una y otra vez,
y aceptar que el ojo
se acostumbra hasta al más bello de los anaranjados.

[Sí, entre tú y yo había un puente]

Sí, entre tú y yo había un puente,
un idioma,
una vida.
Tanta historia,
que brotaron
con el tiempo
dialectos
de nuestras lenguas,
de nuestras manos,
de nuestros cuerpos,
hasta un día
encontrarnos extranjeros.

Había una vez

Y si cuento,
contaría con los dedos de una mano.
Uno, para un beso,
otro, un paseo,
el tercero, una risa,
el cuarto, los museos,
el último, un deseo:

Deseo, que sin contar
que descontamos la posibilidad,
tengas en cuenta
nuestro cuento
para contárselo un buen día
a tus futuros nietos.

Blue

No pintes de acuarelas la ruptura.
Deja que me sangren los ojos
y que te queme el pecho.
Deja que me arranque el cabello
y que te arda el duelo.
Deja que la llaga crezca
y que el alcohol la ahogue.
Deja que la lluvia caiga
y se nos inunde el alma.
Pero no pintes de acuarelas la ruptura,
no sea que caigamos, de nuevo,
en la trampa de la coloreada amargura.

Hipoético

Te escribí más de veinte poemas de amor
y tú a mí solo una canción desesperada.
Guardé cada una de las flores
del maldito tránsito nuestro.
Aunque nunca llegáramos a Nueva York,
siempre supiste que era poeta,
fue nuestra fuerte tradición *horal*
la que nos hizo darnos cuenta
que, de románticos, solo los perros
porque, aunque queramos, no todo es sobre gatos;
que aquellos que aman, odian
y *lo que ya no, ya no será*.

[Acompasados]

Acompasados
los latidos:
un, dos, tres,
un, dos, tres.
Dos cabezas,
cuatro manos,
cuatro pies:
Pas de deux.
¿Y las salsas?
¿Y las cumbias?
¿Y el huapango?
¿Y la sazón?
Un traspié,
Pas de une.
Ya, sin ritmo,
cha cha chá.
¿Dónde estás?
En desazón,
al son de este dolor.
¿Y el jarabe tapatío?
¿Y el jarioso movimiento?

Girando y girando,
atrapado en la oquedad
de una caja musical.
Baila y baila
hasta olvidar
esta danza de cristal.

Eva

Que de ti soy,
que de ti me alimente y que por eso estoy.
Fui violentamente arrancada,
como quien quita una manzana al árbol,
o una mitad al cítrico,
y que por eso estoy y tal vez hasta soy.
Pero me ahogo en cristalina agua,
mi vacío pesa, inmóvil en la corriente.
Niegas y juras que no hay parte de ti que sea frágil,
sin grietas, sin debilidades, sin rastro de la pérdida.
¿Olvidas que fuiste mutilado, como yo?
¿Que el muñón de tu alma aún llora de ausencia?
El olvido es solo anestesia, no alivio.
Que de ti soy
como de una costilla,
como de esa historia que tanto odio por su esencia
peyorativa,
atada a ti por la madeja de nuestra existencia.
Juras que, si soy, de ti soy.

[Me propusiste construir una casita]

Me propusiste construir una casita,
tú tenías cerillos y yo pegamento.
Colocamos estratégicamente cada uno,
para asegurarnos de que no se nos cayera.
Me enseñaste la técnica que conocías,
y yo a ti lo poco que sabía.
Así que hicimos un híbrido bastante resistente,
pero nunca nos gustó del todo la forma que tomó.
Yo decía que era pequeña, y tú, que entraba frío,
así que decidiste hacer una hoguera.
Olvidaste el material del que la hicimos
y, entre las cenizas, palpitaron mis poemas.

[Me han dicho que de un incendio]

Me han dicho que de un incendio
quedan más que escombros,
y yo me pregunto si hablan de fantasmas
que emergen de los restos calcinados,
como si de cenizas fuera la tierra fértil
en la que un día cultivamos esperanza.
Si algo podemos hacer,
es calentarnos en el fuego
para no morir de frío, ahora que no hay techo.

[Nos miró en el cristal opaco de un recuerdo]

Nos miró en el cristal opaco de un recuerdo,
en la vitrina que guarda las cajas de mudanza.
Las cajas contienen tres cosas importantes:
un relicario de plata con nuestra última fotografía,
una caja vacía de preservativos,
un pequeño cuadro que pintaste para mí.
Hace ya un año que no vagabundeo entre el polvo,
me causa alergia respirar cerca de ahí.
No tengo suelas hechas para recorrer esos pasillos
y las rodillas me crujen como la grieta de aquel suelo.
Pienso a veces en el desperdicio del espacio
cuando, divagando, me llega un aroma dulce,
como a las galletas que comías,
y pienso en el trabajo necesario para escombrar
y me duele la espalda de solo imaginarlo.
Así que cuelgo un cartel en la puerta como recordatorio
de que tengo que volver para escombrar
y me alejo, y camino a casa empapándome de lluvia.

[La espera ruge en mi latido]

La espera ruge en mi latido
como una aguja lacerante
marcando el pulso de un tic tac,
el sordo ruido de tus pies.

Sobre el crujido de las hojas
hace un otoño te escuché
sorbiendo estrellas de tus labios,
bailabas bajo un gran rosal.

Allá, entre los álamos,
habita aún ese animal,
una quimera embelesada
que siempre quiere regresar.

Y yo no sé qué hago
viniendo a darle de comer,
devora lágrimas de sal
y una cascada de dolor.

Pero me siento a sus pies
y palidece ante la falta
porque las hojas ya no crujen
y el alimento no alcanza.

Y yo me dreno de palabras,
languideciendo hasta que vuelvas,
poque no basta una promesa
cuando agonizo y tú no llegas.

Hambre

Esta mañana, las mariposas de mis ojos
despegaron con letargo a sus espaldas
porque anoche derramé un vaso de luna
y limpié la mesa con un paño de lagrimas.

Quedó sobre mi plato tu ligerísima sonrisa.
En un menguante alivio sabor chabacano,
devoré el fruto, como el enfermo desahuciado
que está consciente de su última comida.

¡Qué dolor tan delicioso! El de un estómago
indigestado de llenarse de migajas
que, aunque sea lo único que queda,
duele menos que no consumir nada.

En mi ventana asoma el dulce anaranjado,
la brisa del otoño de tus brazos.

Un par de sueños secos caen del árbol,
alrededor del que bailamos hace un año.
Yo los saboreo bajo mi lengua también seca
y paladeo un buen rato la textura,
saben a chocolate derretido
y los escupo porque sé bien que ya no sirven.

¡Qué dolor tan delicioso! El de un estómago
indigestado de llenarse de migajas
que, acostumbrado a la falta de alimento,
se adormece de una abulia caducada.

Aves

Qué contaminadas están las calles
de ecos hirientes
y esbozos trágicos,
de risas que hoy escuecen
los ojos de brillo infértiles.

Hay testigos en cada esquina:
Semáforos, banquetas, vagones.
Hay testigos en cada paraje:
Moteles, restaurantes, parques.

Hoy, cementerios de anhelos
románticos, se yerguen pedantes
sobre viejas canciones,
melodías dulces al son de unas notas
que cantan los ruiseñores.

Ellos trinan despechados
a la estática emoción muerta
de dos corazones arrechos
que se apapachaban sedientos.

—¿Cómo se siente querer? —,
me has preguntado
mientras lavabas los platos sucios.
—No tengo idea—, yo contesté
mientras secaba los trastos húmedos.

Un trozo del tiramisú que tanto gozaba
apareció una mañana nublada.
Era justo esa temporada
finales de mes, quincena agotada.

—Yo creo que así—, rezaba la nota
aún húmeda de la promesa rota.
Era justo esa temporada
finales de mes, mudanza planeada.

No era el azúcar de la confitura,
tampoco la hoja, tampoco la letra.
Era sentir el pasar de los años
desde que hablé del postre italiano.

Poco a poco, crecía el espacio,
los libros, las tazas, pero no los retratos.
Los cajones, antes abarrotados,
ahora cerraban sin ningún esfuerzo.

Y cada mañana una almohada vacía
lucía muy pulcra una ausencia fría,
pero nunca hizo falta sobre la mesa
aunque sea un café *pa´* iniciar el día.

—Y yo creo que así—, rezaban las letras
desparramadas sobre las maletas,
la almohada vacía y alacena llena.
Mediados de mes, inicios de quincena.

Era una mañana un tanto soleada,
el aroma a café inundaba la casa,
las aves cantaban su habitual sonata
libres de cartas,
libres de jaulas.

Enfermo

Y a este raquítico amor desahuciado,
¿cómo habremos de alimentarlo?,
si la costumbre no lo nutre
y vomita la rutina.
Remilga, arremete,
y no lucha.
Está cansado,
moribundo,
fatigado.
Anoche le llegaste con otro ramo de perdones
tras embriagarte de botellas de sus lágrimas
caducas,
estancadas,
anquilosadas.
Esta estirpe nuestra
tuvo desde el primer día el diagnóstico
de una terrible enfermedad terminal.
Vimos crecer la malignidad
de los errores
y reproches virulentos,
apaciguados
con silencios opioides,
hasta entender que de una condena de muerte
no se sale con paliativos.

[Cauterízame la herida palpitante]

Cauterízame la herida palpitante,
que larvas están anidando
en esta carne agangrenada.
Pronto, alimañas ponzoñosas
eclosionarán del pus derramado
por el amasijo esperpento
que un día cultivamos.
Basta una gota de aceite
para contaminar litros de agua,
un pinchazo de aguja
para contaminar litros de sangre.
Basta una espora, una célula,
basta una duda, una idea,
el asomo de un engaño…
Mientras tengamos tiempo,
amputemos la lesión séptica,
el tejido necrosado.
Tengo miedo de las hienas
que se ríen de la podredumbre,
como adivinando un cadáver
que está a punto de ser.

Amor atado

A esta ambivalencia tuya,
de orquídeas y hematomas,
me da por dibujarla en matices violetas,
y calcarla
y recalcarla hasta romper la hoja
con el pulso firme
de quien ya no calla.
¿Te acuerdas de aquel paseo en coche?
No de ese último suceso violeta
en el asiento de atrás,
si no de ese primero, medio rosado.
No del vaho en la ventana,
ni de la parpadeante luz ultravioleta
que revelaba con fosforescencia
cada acto violeta,
y de aquel, nuestro gato.
No de ese placebo de un hogar
que terminaría siendo una cueva violeta,
con un cuarto de sábanas mojadas
y una tajada de embutidos
aglutinados en la tarja…
Y una violeta mortaja que envolvía un futuro
seguro.
Violeta la pared agujerada
con ciempiés, arrastrándose sobre

las dalias negras,
y violetas las adelfas que crecían de tus labios
y sembraríamos en cada maceta
hasta quedarnos sin otro color más que el violeta,
que a ti tanto te gustaba,
y a mi tan ciega me dejaba.

[A veces, aún resuena]

A veces, aún resuena
el eco de tu voz,
como huellas dactilares impregnadas en mis neuronas.
Hay formas que intento remodelar
de tu taller de arte práctica
en mi tejido nervioso.

En el diván, la palabra "violencia" se pronuncia,
y se materializa la imagen
del suero en la sala de espera de un quirófano,
esperando extirparme
nuestro último nexo.

Me hablan de amor
y aún no entiendo bien
cómo diferenciar la relación sistólica
entre una caricia y un tormento.
Si el corazón salta por razones diferentes,
¿cómo sería capaz de saberlo?

Fe de erratas

Tú…
Y yo.
No otros.
No rotos.
Nosotros.
Página 675 (la última): Instrucción.
Abrasar con "s", no con "z".

[Despojada]

Despojada
de mi voz,
de mi risa,
de mi odio en fa mayor,
de un recuerdo
pesado,
como bloque de concreto
plomo en sangre.
Y mi voz,
¿dónde está?,
si por tanto, tanto tiempo,
la cedí
a una lengua de cianuro.
¿Y yo qué soy,
si no soy el vocablo deformado?

[La estúpida convicción de que el amor nos salve]

La estúpida convicción de que el amor nos salve
de la soledad,
como si el sol no se colara a través de las ventanas.
Y edad entre las canas,
y amor entre la luz que choca con la expresión
del tiempo a través de nuestros cuerpos.
Inermes, ante la única compañía
que se sienta a nuestro lado
mientras cerramos –por completo– las ventanas.

[Yo no te busco a ti cuando te busco]

Yo no te busco a ti cuando te busco,
aunque mi piel se erice si pienso en tu tacto
y mi corazón palpite si me dicen tu nombre.

Yo no te busco a ti, aunque algo busque
cuando mi memoria rumia sobre palabras
y mis ojos humedecen las fotografías.

Yo no te busco, aunque algo busque
como un desesperado acto de la naturaleza:
enredaderas sobre blancos muros,
hormigueros entre las banquetas.

Yo busco con letanía animal,
como el aire atrapado en un globo
acordonado a un cuerpo al que le cuesta soltar.
Yo busco, tan solo, un hogar.

[Es su nombre]

Es su nombre
lo que asoma por la grieta de mis labios
y se escurre hacia mi cuello.
Acuna en mis clavículas,
corroe mi piel,
desliza hacia mis pechos,
acaricia mis pezones
y escabulle hacia mi vientre.
Intento arrancarlo de mi carne,
extirparlo de mi abdomen,
desprenderlo de mis poros,
ahuyentarlo de mis huesos.
Y entre más me muevo
más se funde entre mis piernas,
y me siento violada
por el recuerdo de su nombre.

[Pasar de ser a ya no ser]

Pasar de ser a ya no ser
no es morir
porque, con carne tibia
y ojos ávidos,
uno puede convertirse
en un hueco
o un tambo
que se traga
todas las horas
y todas las palabras,
y todas las malditas colillas de cigarros
y, aun así,
no acumular materia suficiente
para volver a ser.

[Yo amé]

Yo amé,
y deseé,
y deseé no desear
hasta gastarme
todas las monedas en las fuentes
y todas las velas de cumpleaños.
Y así quedé,
pobre,
vieja,
sola,
y, sobre todo,
libre.

[Y qué hacer con los acantilados o los abejorros]

¿Y qué hacer con los acantilados o los abejorros
agazapados en mi puerta de escape?

Tal vez los mire por una vez a los ojos
y me aventure finalmente a enfrentarlos.

A desgarrar a mordidas filosas el temor
que, siniestro, se esconde tras mis rendijas,

en zumbidos a mis tímpanos atrofiados,
en sombrías caídas al vacío sin asideros.

Sin aviso, ser desparpajo de un tropiezo,
pájaro desalado por terrores viejos.

A mí, llegar, arrasada por las olas,
acorralada por los enjambres de mi pecho.

Tengo miedo de ser absorbida por la soledad
y, más aún, de diluirme de nuevo en la otredad.

Pero, para ser libre, debe existir espacio.
En esta —que es mi única casilla de salida—,
no pueden permanecer recargados los monstruos del
pasado.

Memento

Así estabas ahí,
con una espléndida mirada,
el hip hop de tus pies
y tu habilidad en ajedrez.

Hacía más de cuatro años
que no pasaba por aquí,
y no por extrañar,
y tampoco por sentir.

Me he asomado a un cajón
donde hay más de un souvenir.
Encontré un par de detalles
con los que me conmoví.
Junto a ese par, hay otros,
cada cual es especial.

El de existencialismo rebuscado
y el de ropa nacional,
el de los puchos y las boinas
o el que pinta cual Renoir,
el que lee a Schopenhauer
y el de hierba espiritual.

Hay una aciaga excepción
que quisiera desechar,
una llaga me ha dejado
y una marca emocional.
Por desgracia, ahí está todo,
en un universo de cristal
donde guardamos los retazos
como huella dactilar.

Por ahí andamos doblados
en cajitas de nogal,
en abismos enterrados
de inmensa infinidad.

Y yo,
que de trascendencias me quejaba,
ahora entiendo lo que hay:
somos los pájaros que cantan
las sonatas de Rimbaud.
En planetas nos quedamos
como manchas de alquitrán,
hasta en un corazón lavado
nos podremos encontrar.

[Se me olvidó lo que era el amor]

Se me olvidó lo que era el amor,
que no eran medias tintas,
que no era el agua tibia
ni el silencio cortante de un diamante.
Y se me olvidó que el amor era
escribir cada idea revolucionaria,
cada palabra impertinente;
· seguir con las medias desgarradas,
con el pecho abierto por los cuervos
y la cabeza revuelta por la marea;
con los pies sangrando por los vidrios
y las alas rotas por el viento.
Se me olvidó que el amor
era eso que me mantenía viva,
con la muerte a mi espalda
y las raíces sueltas,
con el cabello despeinado
y la falda corta
—y el cinismo largo—.
Y se me olvidó que la única forma de amar
era con el viento en contra,
con la boca seca,
con las garras fuera
y afilada lengua;
con punzante fuego
y sin ningún aliento.

[Fuimos los últimos y los primeros]

Fuimos los últimos y los primeros,
partimos del mismo muelle de retorno
y aparcamos
siempre al llegar el ocaso.
Dicen que somos la sustancia
y no los diques,
pero ahí, entre el hormigón,
susurran los ríos su cauce,
retumban latidos
y braman las aguas.
Fluimos manantiales
en un tiempo pueril,
derramados sobre el cono
de un helado templo nuestro.
Del vocablo nos,
de la grieta ego,
fuimos y seremos
zonas de anclaje.
Diestros en el arte del desastre,
entrópicos,
bastiones atemporales
en el recinto líquido de ágape.

ÍNDICE